Gestión Del Tiempo

10 Reglas Fáciles Y Potentes Para La Productividad

(Como Ser El Amo De Su Tiempo)

Teseo Olivárez

Publicado Por Daniel Heath

© Teseo Olivárez

Todos los derechos reservados

Gestión Del Tiempo: 10 Reglas Fáciles Y Potentes Para La Productividad (Como Ser El Amo De Su Tiempo)

ISBN 978-1-989853-96-2

Este documento está orientado a proporcionar información exacta y confiable con respecto al tema y asunto que trata. La publicación se vende con la idea de que el editor no esté obligado a prestar contabilidad, permitida oficialmente, u otros servicios cualificados. Si se necesita asesoramiento, legal o profesional, debería solicitar a una persona con experiencia en la profesión.

Desde una Declaración de Principios aceptada y aprobada tanto por un comité de la American Bar Association (el Colegio de Abogados de Estados Unidos) como por un comité de editores y asociaciones.

No se permite la reproducción, duplicado o transmisión de cualquier parte de este documento en cualquier medio electrónico o formato impreso. Se prohíbe de forma estricta la grabación de esta publicación así como tampoco se permite cualquier almacenamiento de este documento sin permiso escrito del editor. Todos los derechos reservados.

Se establece que la información que contiene este documento es veraz y coherente, ya que cualquier responsabilidad, en términos de falta de atención o de otro tipo, por el uso o abuso de cualquier política, proceso o dirección contenida en este documento será responsabilidad exclusiva y absoluta del lector receptor. Bajo ninguna circunstancia se hará responsable o culpable de forma legal al editor por cualquier reparación, daños o pérdida monetaria debido a la información aquí contenida, ya sea de forma directa o indirectamente.

Los respectivos autores son propietarios de todos los derechos de autor que no están en posesión del editor.

La información aquí contenida se ofrece únicamente con fines informativos y, como tal, es universal. La presentación de la información se realiza sin contrato ni ningún tipo de garantía.

Las marcas registradas utilizadas son sin ningún tipo de consentimiento y la publicación de la marca registrada es sin el permiso o respaldo del propietario de esta. Todas las marcas registradas y demás marcas incluidas en este libro son solo para fines de aclaración y son propiedad de los mismos propietarios, no están afiliadas a este documento.

Table Of Contents

Parte 1 1

Introducción 2

Capítulo 1: 5

Por Qué Debería Manejar Su Tiempo 5

Capítulo 2: 10

Sepa Adónde Va Su Tiempo 10

Cómo Hacer Su Bitácora De Actividades........................... 11

Analizando Su Bitácora De Actividades 11

Tres Pruebas Del Tiempo 13

Capítulo 3: 16

Aprenda Apriorizar 16

El Sistema Abc 17

Cinco Criterios Cuando Se Asignan Valores Prioritarios A Sus Tareas 18

Estrategias Para Los Cuadrantes De La Matriz Urgente/Importante 24

Cómo Usar La Matriz De Prioridad De Acción 29

Estrategias Para Los Cuadrantes De La Matriz De Prioridad De Acción 31

Capítulo 4: 39

Cómo Manejar Interrupciones 39

Mantenga El Enfoque Y Asegúrese De Estar En Control De Su Tiempo 40

Consejos Para Entender Y Manejar Interrupciones 41

Capítulo 5: 48

Procrastinación: La Enemiga Del Manejo Del Tiempo 48

Factores Que Conllevan A Procrastinar 48

Estrategias Para Sobreponerse A Este Problema 55

Capítulo 6: 58
Agende Su Tiempo Efectivamente 58
La Significancia De Agendar 58
Cómo Agendar Su Tiempo 59
Capítulo 7: 64
Herramientas Tecnológicas Efectivas Para Manejar Su Tiempo 64
Conclusión 77
Parte 2 79
Introducción 80
Estrategias E Ideas Efectivas Para La Gestión Del Tiempo 81
Bloques De Estudio Y Pausas 81
Espacios Dedicados Al Estudio 82
Revisiones Semanales 83
Prioriza Tus Tareas 83
Realiza El Primer Paso - ¡Acaba Algo! 84
¡Pospón Las Actividades Innecesarias Hasta Que El Trabajo Esté Hecho! 84
Técnicas Para Controlar Tu Tiempo 86
Consejos Para Gestionar Mejor El Tiempo 89
Habilidades De Gestión Del Tiempo 95
Conclusión 97

Parte 1

Introducción

El tiempo es un recurso excepcional. Cada persona tiene la misma cantidad de tiempo cada día. No hay manera de ni remplazar ni acumular tiempo. No se puede encender ni apagar y cada quien tiene que gastarlo en un ritmo de sesenta segundos por minuto. El dicho "Tanto que hacer, tan poco tiempo" aplica a casi todo el mundo. En el presente, particularmente en el mundo de los negocios, el tiempo se está poniendo escaso. Para aquellos en la fuerza laboral, transportarse o conducir desde y hacia el trabajo ya toma una buena parte del día. El tiempo asignado para el trabajo real es limitado. Aparte de eso, hay tareas que consumen tiempo y actividades pasadas fuera de la oficina.

Durante los comienzos de los 1900's, Vilfredo Pareto, un economista italiano, estableció una fórmula matemática que elucidaba la distribución desigual de la riqueza en Italia. Conocido como el Principio de Pareto, o la regla del 80/20, la fórmula sugiere que el 80% de la riqueza del país es poseída o controlada por aproximadamente 20% de la población. Luego de haber hecho esta observación, muchos otros la aplicaron a sus campos respectivos. En el manejo, el Principio de Pareto indica que de todo el trabajo hecho dentro de un día, sólo 20% de los resultados realmente importan. Este 20% más probablemente produce 80% de los resultados.

¿Entonces cómo hacer el 80% restante de sus esfuerzos más efectivo con el tiempo limitado que tiene? La respuesta es a través del manejo del tiempo. Esencialmente, el manejo del tiempo es la capacidad de controlar como usted consume las horas en el día para alcanzar sus metas eficientemente. Para entender y emplear los principios del manejo del tiempo, primero tiene que reconocer qué problemas se cruzan en su camino cuando usted usa su tiempo y qué causa estos problemas.

El manejo del tiempo es un proceso especial que requiere un compromiso fuerte para que ocurra el cambio. Por suerte, este libro lo va a ayudar a comprender los principios del manejo del tiempo y como puede sacar el máximo provecho de cada minuto de su día.

Capítulo 1:

Por Qué Debería Manejar Su Tiempo

El tiempo de una persona es restringido. Uno sólo tiene tantas horas para completar las tareas del día. Cada minuto que pasa por una tarea sin completar es un minuto menos del tiempo que le queda supuestamente para asignarlo a otras actividades personales. Aquí es cuando el manejo del tiempo entra en escena. Al manejar su tiempo, usted consigue mantenerse en la punta de las tareas que se le asignaron para hacer y eventualmente logra hacer más cosas. Algunos argumentan que el manejo del tiempo y ser organizados toman tiempo extra y esfuerzo que a usted ya le faltan. Esto es meramente una excusa. De hecho, el manejo del tiempo no le quita horas, le da más tiempo para hacer cosas que normalmente no puede apiñar en su horario apretado. Si bien no requiere mucho esfuerzo, requiere disciplina. Los beneficios, sin embargo, pesan más por mucho el trabajo necesario que le pone. Los siguientes son algunos de los beneficios que le trae el manejo del tiempo:

Logra hacer más cosas – una de las metas primarias del manejo del tiempo es la productividad. Estando consciente de las tareas a la mano va a ayudarle a manejar su carga laboral mejor y le va a habilitar a lograr más de estas tareas en menos tiempo.

Más tiempo libre – como la cantidad de tiempo en un día es constante, no hay manera de crear más tiempo. Pero, gracias al manejo del tiempo, usted puede completar más tareas en menos tiempo, permitiéndole más tiempo de ocio.

Flexibilidad – como había sido mencionado previamente, el manejo del tiempo lo hace más consciente de las tareas que necesita lograr y cuánto tiempo libre tiene en sus manos. Por ende, si algo surge sin previo aviso, usted va a ser capaz de ajustar su horario a manera de poder terminar la tarea.

Nivel reducido de estrés – al manejar su

tiempo, usted puede evitar meterse en situaciones estresantes como fechas límites apretadas y correr de lugar a lugar mientras trabaja en tareas olvidadas.

Menos trabajo – ser organizado y saber lo que necesita hacer y cuando hacerlo usualmente lleva a menos errores en su parte.

Menos tiempo desperdiciado – esto es un resultado directo del #5. Errores como detalles olvidados e instrucciones incorrectas normalmente llevan a repetir el trabajo. Consecuentemente, repetir el trabajo usa su supuesto tiempo libre. Ahora, al planear sus tareas diarias con antelación, usted gasta menos de lo que normalmente haría en actividades ociosas.

Mejora su reputación laboral – tener una reputación por manejar bien su tiempo siempre es algo bueno. Usted va a ser considerado confiable y productivo. Nadie cuestionaría si usted puede o no cumplir con las fechas límites o presentarse a las citas porque ya habría construido una reputación de confianza. Esto podría conllevar a más oportunidades de trabajo.

Más oportunidades – como dice el dicho, "Al que madruga, Dios le ayuda." Manejar su trabajo y tiempo crea más oportunidades para que usted asuma nuevas tareas con cualquier tiempo libre que le quede.

Ahorre más tiempo para hacer lo que importa – el manejo del tiempo no es exclusivo para su vida laboral; también le ayuda a asignar tiempo a esfuerzos que le importan más.

Le ayuda a mantenerse libre de culpa – este es el beneficio más personal. No tener control sobre su tiempo le hace sentirse ansioso y culpable. Usted no consigue disfrutar su tiempo libre sabiendo que hay más trabajo que necesita ser terminado. Pero con el manejo del tiempo, usted consigue el beneficio de disfrutar de sus descansos porque está consciente de su horario y cuánto tiempo tiene para completar sus tareas requeridas.

El manejo del tiempo se trata sobre usar su tiempo en las cosas correctas y saber sus obligaciones y prioridades. Estos beneficios son de ayuda en todas las áreas de su vida.

Capítulo 2:

Sepa Adónde Va Su Tiempo

Antes de que pueda comenzar a manejar su tempo, primero tiene que saber cómo gasta su tiempo en el presente y cuánto de su tiempo puede controlar. Una cierta parte de cada día es regulada y debería ser consumida por actividades específicas (ej. horas laborales). A pesar de este horario pre arreglado, usted tiene el poder de elegir de cuales actividades o tareas debería encargarse primero.

Más a menudo que no, usted no tiene idea de cuánto tiempo se gasta en cada actividad que realiza. Tal vez la mejor manera de saber adónde va su tiempo es a través de una bitácora de actividades. Desde el nombre en sí, es un registro de sus actividades diarias y la cantidad de tiempo que usted consume en completarlas. Tener una bitácora de actividades por unos días va a ayudarle a comprender cuánto tiempo gasta (y desperdicia) y a qué hora realiza sus tareas de la mejor manera, lo cual es conocido como la hora prima. Cada persona tiene una hora prima específica, el tiempo del día en el que uno es más energético o funcional.

Cómo hacer su bitácora de actividades

Para hacer su bitácora de actividades, necesita tener su propio formato. Ya hay formatos listos y disponibles en línea que puede encontrar y usar. Si le gusta más hacer las cosas a su manera, puede formular la suya propia. Una vez que tenga el formato listo, enumere las cosas que hace a lo largo del día. Cuando decida cambiar su actividad, apunte el tiempo de transición en la bitácora. Debe de enumerar hasta las cosas pequeñas como abrir su correo, charlar con sus colegas, hacer café y tal. Adicionalmente, especifique cómo se sintió mientras realizó cada actividad, sea que estaba energético, cansado, etc. Esto le va a ayudar a determinar su tiempo primo.

Analizando su bitácora de actividades

Una vez que haya enumerado su bitácora diaria de actividades la siguiente cosa a hacer es analizarla. Durante este proceso, puede sorprenderle ver cuánto tiempo usa en tareas de baja prioridad. También puede puntualizar cuales partes del día se siente más energético o plano. La mayor parte del tiempo, esto depende en el tiempo que usted coma o los recreos que se tome en medio.

Al aplicar las acciones enumeradas abajo en sus actividades, usted debería ser capaz de crear tiempo extra en su día:

1. Evite trabajar en tareas que a usted no le pagan por hacer. Dichas tareas pueden incluir actividades personales como surfear la web o mandar correos electrónicos que nos son relacionados al trabajo o trabajos que son asignados a alguien más.
2. Establezca las tareas más demandantes e importantes por los momentos del día donde tenga mayor energía para poder mejorar la productividad. El trabajo más imperativo que tenga en su plato naturalmente le conlleva a estar en su estado más alerta y creativo.
3. Lo más que pueda, trate de disminuir el

número de veces que cambia de una tarea a otra.
4. Disminuya la cantidad de tiempo gastada en actividades personales.
5. Una bitácora de actividades es una herramienta altamente útil en el manejo del tiempo. Si se analizan correctamente, las bitácoras de actividades pueden ayudar a identificar su tiempo primo y erradicar las tareas de bajo rendimiento y alto consumo de tiempo.

Tres Pruebas del Tiempo

Una vez que recolecte información sobre como su tiempo es usado a través de su bitácora de actividades, necesita evaluarlo utilizando tres puntos de vista – necesidad, propiedad y eficiencia. Al hacerlo, usted será capaz de parar de hacer ciertas actividades, distribuir otras tareas y enaltecer la eficiencia a través de hábitos personales de trabajo, nuevas prácticas o tecnología. Un análisis minucioso más probablemente le va a proveer con unas 8 a 10 horas extras para gastarlas semanalmente en actividades de su

elección.
1. **Necesidad** – primero y principalmente, usted debería examinar cada actividad en su bitácora para asegurar que es una necesidad. Realizar tareas que ya no son útiles (ej. reportes mensuales donde la información es desactualizada) es una ocurrencia común. La prueba de la necesidad puede ayudarle a reducir sus asignaciones a los elementos importantes.
2. **Propiedad** – luego de que seleccione las tareas importantes y cruciales, la siguiente cosa por hacer es darse cuenta quien es apropiado (en términos de destreza o departamento) para ejecutar dichas tareas. Por ejemplo, usted podría encontrar que el trabajo que está ejecutando está sobre o bajo su capacidad; puede escoger reasignárselo a alguien que sea más apropiado para tomar la tarea.
3. **Eficiencia** – el análisis final lidia con las tareas restantes a la mano. Si está satisfecho en que el trabajo que está

realizando es importante, usted debería entonces buscar mejores maneras de ejecutar, sea por creando mejores métodos de manejar actividades repetitivas o usando mejor tecnología.

Capítulo 3:

Aprenda A Priorizar

La priorización es un aspecto importante del manejo del tiempo. Es la capacidad de hacer el mejor y más eficiente uso de sus (y de su equipo) destrezas, recursos y tiempo. Siempre que sienta que tiene demasiado que completar y muy poco tiempo, la priorización puede ayudarle a usar su tiempo sensiblemente y examinar las metas más importantes. Pero antes de que pueda comenzar con la priorización, primero necesita saber qué trabajo necesita ser hecho. Hacer una lista de pendientes es una manera simple pero práctica de organizar su carga laboral. Tener esta lista le ahorra la molestia de preocuparse por sus fechas límite y olvidar cualquier tarea. La mayoría del tiempo, los trabajos más importantes son priorizados. Sin embargo, van a haber instancias en las que diferentes tareas importantes se le van a dar al mismo tiempo. Por suerte, hay numerosas herramientas de priorización que usted puede usar para determinar cómo va a llevar a cabo su trabajo.

El Sistema ABC

Uno de los métodos más aplicados de priorización es el sistema ABC. Para ponerlo brevemente, este sistema requiere un sistema de calificación usando el siguiente valor:

- **Prioridad A** – tareas que deben hacerse lo antes posible. Cuando completadas, las tareas de valor A podrían generar grandes resultados. Por otro lado, cuando se dejan incompletas, estas tareas podrían causar consecuencias severas y desastrosas. Algunas tareas podrían ser consideradas tareas A por requerimientos de un cliente, oportunidades para avance o directivas de gestión.
- **Prioridad B** – tareas que, mientras que no son tan urgentes como las de valor A, son importantes y deben hacerse pronto. Estas pueden ser retrasadas, pero no por mucho tiempo porque fácilmente pueden convertirse en tareas de valor A.

- **Prioridad C** – tareas que pueden ser pospuestas sin producir consecuencias severas. Algunas de estas tareas pueden mantenerse dentro de la categoría por un periodo indefinido de tiempo mientras que otras, particularmente las que tienen fechas límites particulares distantes, finalmente van a convertirse en tareas de valor A o B a medida se acerca la fecha de terminación.
- **Prioridad D** – esta es una categoría opcional que usted puede aplicar si siente que no ha cubierto todas sus bases con los otros tres valores. Hipotéticamente hablando, estas tareas ni siquiera tiene que completarse y rara vez tienen fechas límite. Tareas como estas son personales y a veces se hacen cuando no hay nada mejor que hacer pero podrían traer beneficios no previstos tales como al leer revistas viejas que contienen artículos útiles.

Cinco criterios cuando se asignan valores prioritarios a sus tareas
- Alta paga–usted necesita saber cuáles

de las tareas le van a presentar el mejor retorno en inversión de sus esfuerzos y tiempo.

- Vital para sus metas personales – determine cuáles de las tareas son esenciales para sus metas profesionales y personales.
- Vital para las metas de su compañía – aparte de sus metas personales, también debe saber de cuáles tareas se va a beneficiar más su compañía en términos de regreso en inversión.
- Vital para las metas de su jefe – también es crucial considerar la opinión de su jefe y lo que él crea es más importante entre sus tareas.
- Puede o no ser delegado – sepa cuáles de las tareas son exclusivas para usted y hágalas su prioridad. De otra manera, usted podría designar otras tareas de baja prioridad a algunos de sus colegas para resultados más rápidos.

1. **Método de Fichas/Post-it's**

Para aquellos que les guste la "vieja escuela" o estén más acostumbrados a poner las cosas en orden físico, el método de fichas/post-it's es ideal. Este es la versión basada en papel del sistema ABC. Este método es simple: enumere sus deberes en fichas separadas y ordénelas de acuerdo a la acción requerida o importancia. En lugar de las fichas, también puede optar por post-it's y ordenarlas en filas en su pared.

El método de fichas/post-it's tiene dos ventajas primarias. Primero, este sistema lo habilita a usted y a su equipo a priorizar porque varias personas pueden ver y organizar las tareas de una sola vez. Segundo, el método le ahorra tiempo porque le permite escanear a través de su lista de tareas fácilmente y determinar en qué debería trabajar sin tener que buscar a tientas entre sus cosas.

2. **La Matriz Urgente/Importante**

   ¿Alguna vez ha estado en una situación donde usted estaba trabajando en sus tareas y de repente, alguien llega adonde usted y le pide ayuda? La mayoría de las veces, usted siente la necesidad de parar cualquier cosa que está haciendo y asistirlos, especialmente si quien pide la ayuda es su jefe y usted siente que no tiene elección.

Por el contrario, usted sí tiene una elección y puede elegir declinar. Usted necesita saber cómo decidir si bien la petición de alguien es realmente importante para su rol en la organización, prioridades y metas. Mientras mantener listas de pendientes y planeadores le ayuda a manejar su tiempo más efectivamente, estos no le ayudan a distinguir las cosas que son urgentes de las que son importantes. Esto es exactamente para lo que está hecha la matriz. Pero antes de que pueda usar la matriz, primero tiene que saber la definición de actividades urgentes e importantes.

Las actividades urgentes necesitan atención inmediata y son típicamente relacionadas al cumplimiento de metas de otras personas o asociadas a una situación incómoda o problema que debe resolverse. Por otra parte, las actividades importantes producen resultados que están en línea con el cumplimiento de sus metas personales. Más a menudo que no, los trabajadores se enfocan en hacer las actividades urgentes primero por las consecuencias que podrían traer si se hace lo contrario.

Cómo Usar la Matriz Urgente/Importante

Al usar la matriz urgente/importante, usted puede pelear contra la inclinación de enfocarse en actividades urgentes y trabajar en lo que realmente es importante. Al hacerlo, usted va a ser capaz de salirse de la fase "apaga fuegos" y moverse a una posición donde pueda desarrollar su carrera. Enumerados aquí abajo están los pasos para ayudarle a priorizar basándose en la matriz urgente/importante.

1. Primeramente, enumere todos los proyectos y actividades que crea deberían ser completadas, incluyendo cualquier acción que tome una porción de su tiempo en el trabajo independientemente de que tan significante.
2. Asigne un nivel de importancia a cada una de sus actividades. Una manera sencilla de hacer esto es en una escala del 1 al 5. Mantenga en mente que este ranking es una medida de que tan importante es cada actividad en cuanto a sus objetivos y metas personales.
3. Ahora que ha determinado la

importancia de las actividades, la siguiente cosa por hacer es asignar su urgencia. Mientras hace esto, plantee cada actividad en la matriz de acuerdo a su urgencia respectiva e importancia. La matriz debería consistir en dos ejes – urgencia (eje horizontal) e importancia (eje vertical) – y cuatro cuadrantes: 1) urgente e importante; 2) no urgente pero importante; 3) urgente y no importante; 4) no urgente ni importante.

4. Una vez localizados, ahora puede usar las estrategias para los cuadrantes para planear su horario en línea con sus prioridades.

También hay formatos listos de la matriz urgente/ importante disponibles en línea los cuales pueden ser descargados y usados. Todo lo que tiene que hacer es asignar un puntaje y localizar las actividades en la matriz.

Estrategias para los Cuadrantes de la Matriz Urgente/Importante

- Actividades urgentes e importantes (Actividades Críticas)

  Hay dos tipos diferentes de actividades bajo este cuadrante – las que podrían no ser previstas y las que fueron pospuestas hasta el último minuto. Las últimas pueden ser prevenidas por medio de planear con tiempo y no procrastinar. Sin embargo, algunas tareas no siempre pueden ser predichas o prevenidas. En este caso, la mejor solución es siempre mantener tiempo libre específicamente para manejar asuntos y actividades importantes no planeadas en su horario. Si una crisis seria no prevista emerge, otra actividad que no es tan urgente tendría que ser re agendada.

- **No urgentes pero importantes (Metas Importantes)**

Estas son actividades que pueden ser planeadas con antelación para obtener sus metas y completar su trabajo. Asegúrese de tener tiempo amplio (aparte del tiempo libre que pone aparte para eventos no previstos) para lograr esto de manera que no se conviertan en actividades urgentes. Hacerlo va a potenciar sus chances de mantenerse en horario.

- **Urgentes y no importantes (Interrupciones)**

Estas actividades son fuentes constantes de interrupciones. Tareas urgentes y no importantes son básicamente interrupciones que le impiden terminar su trabajo y alcanzar sus metas. Cerciórese si estas actividades pueden ser pospuestas para otro momento o si las puede delegar a alguien más.

La fuente más usual de estas interrupciones es la gente en su oficina. De tiempo en tiempo, está bien decir "no" a sus peticiones o persuadirlos de que resuelvan sus problemas ellos mismos. Alternativamente, usted puede asignar tiempo libre de manera que los otros sólo lo puedan interrumpir entonces. Una manera de hacer esto es establecer una reunión recurrente para que cualquier preocupación pueda ser resuelta de una vez. De esta manera, usted no va a ser interrumpido tanto mientras trabaja en actividades más importantes.

- **No urgente y no importante (Distracciones)**

Estas son sólo distracciones que deben ser evitadas a toda costa o meramente ignoradas. Otros quieren que asuma algunas de estas actividades, pero no le ayudan con sus propios resultados deseados. Otra vez, es apropiado decir "no" en la manera más firme y educada. Si la otra persona capta que usted es claro sobre sus metas y límites, ellos serán menos propensos a pedir ayuda en actividades no importantes en el futuro.

La matriz Urgente/Importante le va a dar la habilidad de distinguir instantáneamente cuáles actividades necesitan su enfoque y atención y cuáles pueden ser ignoradas por el momento. Además, usted puede lidiar con asuntos realmente urgentes mientras aún trabaja en conseguir sus metas.

3. El Sistema de Inventario

Este sistema es otra alternativa al sistema ABC, pero es principalmente orientado a resultados. En vez de usar los valores ABC, el sistema de inventarios presume que usted aprende más al repasar su comportamiento del día y luego emplear cualquier cosa que aprendió en el siguiente día. El sistema sostiene que el análisis post-actividad es un acercamiento más lógico, orientado a la retroalimentación y cambiador de comportamiento para lidiar con la realidad que el de asignar valores.

Lo que es más fundamental para el sistema de inventario es la evaluación de la productividad relativa de las actividades diarias. Es vital cerciorarse de lo que espera lograr con antelación, luego compararlo con lo que realmente logró. Al hacer esto, usted tendrá una idea de cuan útiles son sus técnicas y prácticas presentes y qué cambios debería hacer para desarrollar los métodos existentes.

Este sistema no es una medida ahorradora de tiempo en sí, pero puede producir modificaciones de comportamiento ahorradoras de tiempo. Entre más descubra cuáles actividades son más efectivas y productivas, más va a cambiar su comportamiento correspondientemente. Mientras lo hace, lentamente va a comenzar a deshacerse del tiempo desperdiciado en su horario.

4. Matriz de Prioridad de Acción (Matriz Impacto-Factibilidad)

Esta matriz es un sistema simple de diagramas que, cuando hecho inteligentemente, le ayuda a discernir cuáles de sus actividades deberían ser priorizadas o ignoradas si desea maximizar su tiempo y oportunidades. A la inversa, al hacer malas decisiones, usted puede terminar ahogándose en actividades de bajo rendimiento y consumidoras de tiempo que apagan las oportunidades y le impiden avanzar.

Cómo usar la matriz de prioridad de acción

La noción detrás del sistema es que usted califique las actividades que desea lograr usando dos escalas – el impacto que va a tener una actividad y el esfuerzo requerido. Usando estas escalas, usted va a determinar fácilmente cuáles proyectos proveen los mejores devoluciones en sus esfuerzos. Luego, usted puede elegir la estrategia más apropiada para ese tipo de actividad en particular.

La Matriz de Prioridad de Acción es similar a la Matriz Urgente/Importante excepto por las calificaciones usadas (impacto para el eje vertical y esfuerzo para el eje horizontal). La matriz mira hacia la capacidad de una organización de proveer cambios significativos. Para hacer una, siga los pasos a continuación:

1. Enumere las actividades que planea lograr.
2. Asigne la puntuación de cada actividad basado en impacto (ej. use una escala de 0 a 10, con 0 siendo sin impacto y 10 el mayor impacto) y esfuerzo usado (también en una escala de 0 a 10, con 0 siendo sin esfuerzo real y 10 para máximo esfuerzo).
3. Ubique cada actividad en la matriz.
4. Escoja o encajone actividades apropiadamente.

Tal como las otras matrices, hay varios

formatos preparados disponibles para descargar en línea. También, puede escoger asignar su propio sistema de calificaciones para la matriz.

Estrategias para los Cuadrantes de la Matriz de Prioridad de Acción

- **Alto impacto pero bajo esfuerzo (Ganes Rápidos)**

Estas actividades son el tipo más atractivo porque dan buenas devoluciones para un esfuerzo moderadamente pequeño. Tanto como sea posible, sería sabio enfocarse en dichos proyectos.

- **Alto impacto y alto esfuerzo (Proyectos Mayores)**

Estos proyectos también proveen buenas devoluciones paro pueden tomar más tiempo para obtener al contrario de los ganes rápidos. Si usted está trabajando en dichos proyectos, asegúrese de terminarlos lo más prontamente y eficientemente que pueda.

- **Bajo impacto y bajo esfuerzo (Rellenos)**

Los rellenos no son mucho de qué

preocuparse. Estas actividades pueden hacerse si hay tiempo extra. Sin embargo, si un mejor proyecto surge, estas deberían ser dejadas de lado por el momento.

- **Bajo impacto pero alto esfuerzo (Tareas Ingratas)**

Las actividades bajo esta categoría deberían ser evitadas porque producen bajas devoluciones y consumen tiempo que podría ser usado para otras tareas que son más valiosas e importantes.

Cuando se use la Matriz de Prioridad de Acción, aplique el sentido común en inferir las líneas entre los cuatro cuadrantes. Por ejemplo, hay una delgada línea entre una tarea de 4.9 de impacto (tarea ingrata) y una tarea de 5.1 de impacto (proyecto mayor).

5. Análisis de Pareto

Como ya lo ha de saber, el Principio de Pareto es la idea de que el 80% del resultado es producto del 20% del esfuerzo. El análisis de Pareto opera bajo este principio. Es una técnica de priorización que apunta a encontrar el 20% de las tareas más significativas que van a producir 80% de los resultados y objetivos más importantes. Nótese, sin embargo, que la proporción 80-20 es meramente figurativa. El principio de Pareto demuestra la relación usualmente desequilibrada entre el esfuerzo puesto y el resultado obtenido.

Cómo usar el Análisis de Pareto

1. Identifique los problemas – enumere los problemas que pretende resolver. Preferiblemente, hable con miembros del equipo y clientes para conseguir su opinión. También sería útil emplear bitácoras de mesas de ayuda, encuestas y similares para conseguir datos.
2. **Determine la causa raíz de los problemas** – descifre la fuente principal de cada problema. Puede hacerlo por medio del uso de técnicas tales como la del análisis de causa y efecto, lluvia de ideas, análisis de la causa raíz, etc.
3. **Asigneuna puntuación** – el método de puntuaciones que emplee está sujeto al tipo de problemas que está apuntando a resolver. Por ejemplo, si usted está tratando de enaltecer la satisfacción del

cliente, podría usar un método de puntaje basado en el número de quejas erradicadas después de que el problema fue resuelto o si está buscando hacer más ganancias, podría calificar los problemas basándose en los costos.

4. **Clasifique los problemas de acuerdo a su causa raíz** – ahora que ha identificado la fuente primaria de sus problemas, usted entonces necesita agrupar aquellos con una causa raíz similar. Por ejemplo, si cuatro problemas en su lista son traídos por carencia de personal, ponga todos esos problemas en un grupo.

5. **Sume los puntajes para cada grupo** – consiga la suma de los puntajes de todos los problemas dentro de un mismo grupo. El grupo con el puntaje total más alto debería ser su más alta prioridad. A la inversa, el grupo con el puntaje total más bajo debería ser la menor de sus prioridades.

6. **Tome Acción** – en este punto, usted ya descifró qué problema (o grupo de

problemas) deberían ser su más alta prioridad. La última cosa por hacer es trabajar en ellos.

6. Delegación

La más simple de todas las herramientas de priorización, la delegación es una manera de priorizar las tareas e identificar en cuáles no necesariamente tiene que trabajar usted mismo. Hay momentos en los cuales usted prefiere adentrarse en un proyecto aunque ya esté atascado de trabajo puramente porque siente que el trabajo de los demás no es tan bueno como el suyo o porque consume mucho tiempo explicarle a alguien más cómo se hace el trabajo. Desafortunadamente, el tiempo y la energía son limitados y aveces la mejor (o única) opción es delegar. El concepto de delegación es sencillo – identificar una tarea/s que usted crea pueda ser realizada por otros y asignárselas a ellos.

Beneficios de la delegación

La delegación no sólo es beneficiosa para usted; también puede ser ventajoso para la persona (o grupo de personas) a quien le asigne las tareas y hasta a la organización entera.

Beneficios personales:
- Más tiempo dedicado a actividades en las que usted realmente necesita trabajar
- Menos estrés
- Campo de entrenamiento para delegaciones apropiadas y efectivas

Beneficios para la persona (o grupo de personas) a quien se le asigne las tareas:
- Sentido de valor y pertenencia a un equipo
- El chance de aprender algo nuevo
- La oportunidad de probar las capacidades de uno y el chance de ganar acoladas por el logro

Beneficios para la organización:
- Los empleados obtienen niveles de estrés reducidos a través de compartir el trabajo
- Obtener una perspectiva nueva y un aporte fresco
- Tener varios individuos quienes saben cómo resolver una cierta tarea

Criterios para Priorizar

- **Relatividad**

Cuando compare tareas, usted va a necesitar darse cuenta que algunas son de mayor importancia que otras. Por ende, usted tiene que descifrar cual es el mejor uso de su tiempo por el momento antes de decidir cuáles actividades priorizar.

- **Sincronización**

Las fechas límite juegan un rol mayor en influenciar la priorización. Sin embargo, uno también debería considerar el tiempo de inicio necesario (el cual es igualmente importante pero frecuentemente ignorado) para poder cumplir con el plazo.

- **Juicio**

Simplemente puesto, usted es el mejor juez de sus prioridades y capacidades. Permita que la culpa de perder el tiempo le ayude a hacer mejores juicios en el futuro.

Gastar una cantidad extendida de tiempo y esfuerzo asumiendo tareas que son de valor moderado es evidentemente un desperdicio de tiempo. Para sacarle el máximo provecho al tiempo invertido, necesita asumir un proyecto importante y que valga la pena. La priorización le puede ayudar a descifrar cuáles tareas son de alto valor. Este capítulo le enseña numerosas herramientas de priorización que usted puede utilizar. Depende de usted encontrar cuáles de estas encajan mejor con su estilo.

Capítulo 4:

Cómo Manejar Interrupciones

Conocer su meta y aprender cómo priorizar es una cosa. El siguiente asunto importante es saber qué hacer para disminuir las interrupciones a las que se enfrenta cada día. Es un hecho dado que los gerentes tienen menos tiempo ininterrumpido para trabajar en sus tareas de prioridad. Hay pedidos de información, llamadas telefónicas, preguntas de empleados, y muchos otros eventos que surgen sin esperarlos. Otros sí necesitan ser tratados de inmediato, pero algunos necesitan ser manejados. Hay cosas que usted puede hacer para minimizar su tiempo interrumpido.

Sin embargo, hay algunos trabajos que requieren que usted esté disponible para los otros cuando necesiten ayuda – las interrupciones son una parte normal y necesaria de la vida. Aquí están las cosas que usted puede hacer para minimizarlas, pero asegúrese de no asustar a la gente de interrumpirlo cuando en serio lo necesiten.

Mantenga El Enfoque y Asegúrese De Estar En Control De Su Tiempo

Las interrupciones en el trabajo son naturales. Pueden ser una barrera clave para manejar su tiempo efectivamente y pueden últimamente ser un obstáculo para su éxito.

Tómese un minuto para recordar su último día de trabajo. Trate de recordar las cosas que lo interrumpieron. Puede haber correos electrónicos, conversaciones de pasillo, llamadas electrónicas, una visita de un amigo a la oficina, o cualquier cosa que inesperadamente requiera de su atención y por esto, lo distrajo de terminar su tarea a la mano.

Como usted sólo tiene alrededor de 8 a 12 horas para completar su trabajo, las pequeñas interrupciones pueden afectar su tiempo necesario para lograr sus objetivos y ser exitoso en la vida. Aparte de esto, también pueden afectar su enfoque, lo que significa que tiene que pasar tiempo reconectándose con los procesos requeridos para completar su trabajo exitosamente.

La clave para controlar las interrupciones es identificarlas y manejarlas efectivamente. Los consejos a continuación le van a ayudar a hacer eso, y por ende prevenir que las interrupciones pongan su éxito en juego.

Consejos para Entender y Manejar Interrupciones

1. Mantenga una Bitácora de Interruptores

Si las interrupciones le roban su tiempo y energía una y otra vez, o si lo empujan fuera de su horario regularmente y causan retrasos, es tiempo de que usted tenga una bitácora de interruptores. Esta es una lista de cosas que lo interrumpieron en el transcurso del día.

Traiga su bitácora de interruptores consigo todo el tiempo, anote cada interrupción que se cruce en su camino, y tome nota de cada persona que lo interrumpe, el tiempo y fecha que tuvo lugar, y las razones por las cuales lo interrumpieron (aunque sean válidas o no, y aunque sea urgente).

Al final de la semana, revise todas las

interrupciones que anotó y analice la información.

¿Cuáles interrupciones son importantes y cuáles no?

Necesita darle su tiempo sólo a las interrupciones válidas. Usted debe de saber cómo puede agendarlas de manera que obtengan la atención necesaria, mientras que usted todavía tiene el tiempo que necesita para referirse a su trabajo diario.

Cuando se trate de interrupciones que no son válidas, debe de encontrar una manera de prevenirlas en el futuro.

2. Mida y Controle Interrupciones

Para medir y controlar las interrupciones que apuntó en su bitácora de interruptores, analice primero si la interrupción es válida o no.

¿Podría uno de sus empleados haber evadido interrumpirlo al esperar una reunión regular? ¿O, era algo que tenían que preguntarle de inmediato? Si no, lidie con eso respetuosamente pero asertivamente.

Luego, analice cuan urgentes fueron las

interrupciones, y si pudieron haber sido prevenidas. Al tener reuniones de rutina con sus empleados, usted va a ser capaz de prevenir muchas interrupciones. Si sus empleados están seguros de que pueden hablar con usted en el futuro cercano, van a aprender a guardarse los asuntos no importantes hasta la siguiente reunión.

Sin embargo, hay algunas interrupciones que son tanto válidas y urgentes. Estas necesitan interrumpirlo, y usted debería aprender a lidiar con las circunstancias.

A través de su Bitácora de Interruptores, usted va a ver cuánto tiempo necesita dedicarle a estas interrupciones urgentes e importantes. Tome nota de este tiempo en su agenda como tiempo de contingencia, y sólo tómese suficiente tiempo para trabajar en encajar estas interrupciones válidas en su tiempo restante. Va a tener que hacer malabares con el trabajo alrededor de las interrupciones, pero asegúrese de no estar estresado y con demasiado trabajo con las cosas que no ha hecho porque han sido reemplazadas por emergencias.

3. **Use su Teléfono para Trabajar para Usted y No en su Contra**

Planear es muy importante en controlar las interrupciones telefónicas – una cosa a la que la mayoría de la gente se enfrente a diario. Si necesita terminar algo de inmediato, puede usar su correo de voz para filtrar las llamadas, o puede pedirle a alguien que tome la llamada y escribir los mensajes por usted. Al hacer esto, usted puede responder solamente las llamadas importantes. Realmente, puede dedicarle algo de tiempo para responder algunas llamadas importantes.

4. **Tómese Un Respiro**

Hay momentos en los que no puede evitar las interrupciones. Si este es el caso, usted puede quedarse atrapado en la prisa del individuo quien está interrumpiendo. La verdad es que la mayoría de las interrupciones no son realmente conducidas por crisis, y puede servirle a la gente que se tomen un tiempo antes de actuar al respecto.

Use unos pocos minutos para evaluar la situación. Libere su mente y tómese un respiro. Un retraso corto puede recorrer un largo camino en evaluar la situación precisamente y puede reaccionar a ella apropiadamente.

5. Diga 'No' Si Es Necesario

Decir que no a tareas o pedidos si está ocupado cuando otros lo pueden manejar está bien, siempre y cuando no sea una tarea importante, o se pueda hacer más tarde. Si esta es la situación, decir que no amablemente con poca explicación es la mejor manera de lidiar con interrupciones.

6. Hágale Saber A Los Demás Sobre Su Tiempo Libre

Esto es simple pero muy efectivo en lidiar con interrupciones. De esta manera, la gente no lo va a interrumpir durante horas ocupadas porque les hizo saber cuándo es el mejor momento para hablarle.

Otra manera de hacerle saber a los demás que usted no debe ser interrumpido es manteniendo su puerta cerrada o poniendo un mensaje en su escritorio. Esto disminuye interrupciones y puede evitar sentimientos heridos.

7. Tiempo 'Sólo Con Invitación'

Para aquellos a quienes les tiene que hablar regularmente, agende un tiempo de recepción. Pídale a la gente que haga una lista de las cosas que necesitan discutir de manera que usted pueda cubrir todos los puntos importantes de inmediato.

Una política de puerta abierta está bien, pero necesita limitar el número de personas que permite entren a su área de trabajo. Por ejemplo, si está agendando una reunión, pueden encontrarse en la oficina de un colega o en la sala de conferencias. Al hacerlo, puede excusarse a usted mismo luego de que termine con su reunión. También, es mucho más fácil irse que pedirle a la gente que salga de la habitación.

8. Interrupciones No Administradas

Hay interrupciones que no importa lo que haga, no las puede controlar. Muchas de las personas están satisfechas con el tiempo que se les da, pero hay otras que tienden a extenderse discutiendo cosas innecesarias. Antes de que comience la discusión, infórmeles que usted sólo tiene cinco minutos para escucharlos y que se apeguen a ello. Al hacer esto, el interruptor irá directamente al punto que le interesa sin desperdiciar nada de tiempo. Evite ocuparse en charla superficial. Si en algún caso no fuera capaz de resolver el problema de inmediato, puede asignar un tiempo de nuevo dentro del día.

Capítulo 5:

Procrastinación: la Enemiga del Manejo del Tiempo

Todos son culpables de procrastinar. Algunos hasta alegarían que es naturaleza humana el procrastinar. Tristemente, es una ladrona del tiempo, robando minutos valiosos de su día que los pudo haber usado de otra manera más productiva. Mientras que el concepto de Procrastinación aparenta ser simple, hay más a ello que sólo posponer el trabajo para otro momento. De hecho, hay ciertos factores que influencias por qué la gente escoge procrastinar.

Factores que conllevan a procrastinar

A continuación hay algunos de los factores que causan procrastinación junto con las estrategias que pueden ayudarlo a superarlos:

1. La tarea es no deseable

Si esto es por lo que usted usualmente termina aplazando sus tareas, entonces usted es justo como todos los demás. De hecho, esta es la razón más común por la cual la gente procrastina. Actividades tales como prepararse para un discurso, establecer una cita con el dentista y lavar la loza son fáciles de posponer debido a su naturaleza desagradable.

Estrategias para sobreponerse a este problema

Haga la tarea a primera hora en la mañana – normalmente, una tarea desagradable es más fácil de completar cuando no hay mucho tiempo para pensar en ella. Si termina pensando, puede enfocar sus pensamientos en qué tan liviano sería su día una vez que termine la tarea.

- **Ponga la tarea en algún lugar donde se vea fácilmente** – cuando tenga una tarea desagradable por terminar, coloque un recordatorio en cualquier lugar donde definitivamente no la va a pasar por alto.
- **Utilice el método del "sarampión"** – esta estrategia es recomendada por varios expertos en el manejo del tiempo. Este método es simple: cada vez que le den un documento basado

en papel que no pretenda manejar por el momento, dibuje un círculo rojo en él. Haga esto constantemente hasta que el papel comience a aparentar tener sarampión. Ahí es cuando se da cuenta de que no lo puede posponer más.
- Write down the pros and cons of doing the task – this approach is designed for heavy-duty undesirable tasks. First, write down all the advantages brought about by completing the task. Afterward, list down the disadvantages of working on the task. By weighing the pros and cons, you will be able to ease your anxiety and realize that there are more positive than negative results.
- **Apunte los pros y contras de hacer la tarea** – este acercamiento está diseñado para las tareas desagradables pesadas. Primero, escriba todas las ventajas traídas al completar la tarea. Después, enumere las desventajas de trabajar en la tarea. Al sopesar los pros y contras, usted será capaz de apaciguar su ansiedad y darse cuenta

de que hay más resultados positivos que negativos.

- **Pásele el trabajo a alguien más** – cada persona tiene una preferencia personal. Sepa que no todo el mundo comparte su opinión. Hay instancias en las que una tarea que usted considera desagradable puede ser agradable para alguien más.

2. La tarea es abrumadora

De cuando en cuando, usted va a encontrarse con una tarea que es enervante. No es exactamente desagradable en su naturaleza. Usted podría, de hecho, hasta estar entusiasmado por terminarla por los beneficios que le puede sacar. Sin embargo, esta tarea a veces puede ser demasiado masiva y abrumadora que usted no tiene idea de cómo y cuándo empezar. Un escenario familiar para dicha tarea es el bloqueo del escritor.

Estrategias para sobreponerse a este problema

- **Divide y conquista** – Henry Ford, quien

fundó la Ford Motor Company y revolucionó la industria automotriz, una vez dijo que ninguna tarea es sobresalientemente difícil siempre y cuando esté dividida en trabajos más pequeños. Esto se mantiene real hasta el día de hoy. Si se siente inquieto por la magnitud de una tarea, puede romperla en partes más pequeñas. De esa manera, no se va a sentir muy abrumado mientras trabaja en la tarea.

- **Encuentre una locación aislada donde pueda trabajar** – busque una habitación recluida en su oficina o en casa donde muy pocas personas se queden y pueda trabajar en su tarea y evadir interrupciones. Si tiene su propia oficina, mantenga la puerta cerrada para que los demás puedan entender que no quiere ser molestado. Si no puede encontrar su espacio personal donde pueda operar, váyase a una "vacación de trabajo", encuentre un sitio con buena ambientación y póngase a trabajar.
- **Vaya con el flujo de su impulso** –

cuando comience a construir una racha al trabajar, cabalgue su impulso sin romper su concentración. Usted tendrá tales momentos en los cuales los jugos creativos se mantienen fluyendo. Una vez que su mente comience a divagarse y deambular, usted puede tomarse un descanso.

3. No está seguro de sus metas

Siempre que se ponga una meta, es crítico que sea específico. Explore cada aspecto de sus objetivos y asegúrese de convertir metas generales en metas definidas. Usted necesita descifrar exactamente lo que desea alcanzar. En algunos casos, particularmente en el mundo de los negocios, sus metas deben no sólo ser precisas sino que también calculables y medibles. Por ejemplo, en vez de apuntar a incrementar las ventas de su compañía considerablemente, usted puede apuntar a incrementas las ventas un 15% más.

4. El flujo de la tarea es vago y desorganizado

Un flujo de tarea caótico y desordenado puede fácilmente llevar a la procrastinación. Si se siente confundido al enfrentar una tarea, es probable que deje el trabajo para después. Una solución simple a esto sería crear un diagrama de flujo. Esto es un diagrama que muestra la secuencia paso a paso de eventos, usualmente usando líneas y flechas que exponen el flujo de trabajo. Usted puede fácilmente crear su propio diagrama de flujo de sus tareas al enumerar los pasos que necesita tomar para lograr sus tareas y conectarlas entre sí. Recuerde que los pasos deben estar enumerados secuencialmente.

5. Miedo al cambio

Cada ser viviente en este mundo es una criatura de hábitos. Es fácil para los individuos el apegarse a lo que conocen y a jugar en lo seguro. Hacer ciertos cambios puede a veces proveer incomodidad a algunas personas. Aunque el miedo al cambio es una reacción normal, también puede promover la procrastinación y prevenir cambios significativos.

Estrategias para sobreponerse a este problema

- **Modifique sus patrones y rutinas** – cambiar las pequeñas cosas a las que se ha llegado a acostumbrar tales como la ruta que toma para ir a trabajar o sus rituales matutinos puede llevarlo a un largo camino. Se va a sorprender por cómo ese pequeño cambio puede inspirarlo a asumir más deberes que estaba evadiendo porque se estaba resistiendo al cambio.
- **Altere su ambiente físico** – añada nuevas decoraciones a su habitación, consiga una nueva oficina o múdese a un ambiente diferente. A veces, un cambio de escena es exactamente la chispa que necesita para convertirse en alguien productivo.
- **Haga nada** – usted podría estar pensando que esto no tiene sentido, ya que la procrastinación se trata de hacer nada. Si tiene miedo de asumir una tarea, puede simplemente tomarse un descanso y desperdiciar un par de minutos espaciándose o dando vueltas.

Eventualmente, se va a dar cuenta de que prefiere trabajar a estar haciendo nada, independientemente de lo intimidante que sea la tarea.

6. Miedo al fracaso

Todos, hasta la gente más segura de sí misma y exitosa, tienen miedo de fracasar en algo. Si usted está entre esas personas, entonces probablemente pone muchas de sus tareas para después para evitar una decepción. La mejor manera de sobreponerse al miedo de fracasar es no tener expectativas no realistas. Ponerse demasiada presión a usted mismo arruina la productividad y causa ansiedad. Permítase cometer errores de vez en cuando. Puede ir de vuelta y cambiar esas imperfecciones más adelante.

Los factores mencionados son algunas de las causas más comunes de la procrastinación y las estrategias que usted puede escoger emplear para romper el hábito. Use este capítulo como una guía para discernir qué factor hace que frecuentemente quiera aplazar sus tareas. Una vez que escoja la/s razón/es, usted tendrá una idea general de cómo puede conquistar la procrastinación.

Capítulo 6:

Agende su tiempo efectivamente

Si se ha puesto metas y sabe cuáles son sus prioridades, puede crear un horario que lo va a mantener encarrilado y lo va a proteger del estrés. Esto implica entender los factores que afectan el tiempo que tiene para trabajar. Necesita agendar tiempo no sólo para tareas prioritarias, pero también para interrupciones, y eventos inesperados que podrían afectar su horario significativamente. Al crear un horario efectivo que muestre sus prioridades y apoye sus metas personales, usted tendrá una combinación ganadora.

La Significancia de Agendar

Agendar es un arte de planear sus actividades para que pueda lograr sus metas y prioridades. Cuando se hace efectivamente, le ayudará a:

- Entender lo que en realidad puede lograr con su tiempo
- Designar tiempo para tareas importantes
- Crear tiempo de contingencia para lo

inesperado
- Evitar tomar más tareas que no puede manejar
- Trabajar constantemente en metas personales y profesionales
- Dedicar suficiente tiempo para la familia y amigos, hobbies y ejercicio
- Tener un buen balance trabajo-vida

El tiempo es un recurso que no puede comprar, pero usualmente lo gasta o utiliza inefectivamente. A través de agendar, usted puede pensar sobre lo que quiera completar en un día, semana o mes, y lo va a mantener encarrilado para alcanzar sus metas.

Cómo Agendar su Tiempo

Puede agendar al comienzo de la semana o mes.

Hay diferentes herramientas que puede escoger creando su horario. Una de las maneras más fáciles es usar un lápiz y papel, o puede usar una agenda. También puede usar aplicaciones y software como Google Calendar, Business Calender y MS Outlook. Escoja una herramienta para agendar que concuerde con sus situaciones, la estructura presente de su trabajo, su presupuesto y su gusto personal.

La cosa más importante cuando escoja una herramienta para agendar es que le permita añadir datos fácilmente, y le permita visualizarlos en el nivel de detalle que necesite.

Una vez que haya escogido la herramienta que prefiera usar, puede comenzar a preparar su horario de la siguiente manera:

1. Identifique Su Tiempo Disponible

Comience por establecer el tiempo que quiere para trabajar en sus tareas. La cantidad d tiempo que gaste en el trabajo debe reflejar sus metas personales y diseño de su trabajo.

2. Agende Acciones Importantes

Bloquee las acciones que debe tomar para completar un trabajo. Estas son usualmente las cosas que evalúan en su contra.

3. Agende Actividades de Alta Prioridad

Revise su lista de pendientes, y agende sus actividades urgentes y de alta prioridad, y también las tareas de mantenimiento que no pueden ser evitadas o delegadas. Añada estas actividades cuando sea más productivo.

4. Agende Tiempo de Contingencia

Agende algo de tiempo para lidiar con emergencias y contingencias. Su experiencia va a ayudarle en cuanto tiempo le permita – en general, entre más impredecible su tarea, más tiempo de contingencia va a requerir.

Interrupciones continuas pueden abarcar su tiempo. Aprender cómo manejarlas puede disminuir la cantidad de tiempo de contingencia que necesite poner a un lado. Hay algunas interrupciones que son difíciles de predecir, pero tener algo de espacio abierto en su horario le da la flexibilidad que requiere para arreglar las tareas y responder a los asuntos vitales a medida incrementan.

5. Agende Tiempo Discrecional

Usualmente va a tener un espacio en su agenda, y esto se conoce como tiempo discrecional. Este es el tiempo que puede asignar para entregar sus prioridades y alcanzar sus metas. Revise su lista de pendientes priorizada y objetivos personales, analice el tiempo que necesita para alcanzarlos, y agéndelos efectivamente.

6. Evalúe las Actividades que Necesita Emprender

Si en caso de que haya llegado al paso 5, y nota que tiene menos o no tiene tiempo discrecional disponible, necesita regresar a los pasos 2, 3, y 4, y evaluar si todas las actividades que ha ingresado son absolutamente importantes. Algunas cosas pueden ser discutidas o asignadas en una manera más eficiente respecto al tiempo.

Si quiere asegurarse de que va a tener éxito, maximice la palanca que puede obtener con su tiempo. Incremente la cantidad de trabajo que puede hacer al asignar otras tareas a otra gente, externalice tareas importantes, o use tecnología para automatizar su trabajo lo más que pueda. Esto le va a dar tiempo libre para lograr sus metas.

Si cree que su tiempo discrecional es limitado, entonces debe renegociar sus tareas o pedir asistencia.

Capítulo 7:

Herramientas tecnológicas efectivas para manejar su tiempo

En el pasado, prácticamente todo tenía que hacerse manualmente. Las cartas se escribían a mano, el correo se enviaba a través de la oficina postal y los documentos tenían que ser editados y re copiados manualmente. Pero en el presente, gracias a los recientes avances tecnológicos, todo esto puede hacerse fácilmente y sin esfuerzo. Hay una vasta selección de herramientas, tanto electrónicas y a base de papel, que pueden mejorar la productividad y ayudar a salvar tiempo precioso. Antes de que comience a invertir en estas herramientas, sin embargo, tiene que considerar las siguientes preguntas:

1. ¿Lo necesita?

Esta es la pregunta más esencial y vital que necesita responder cuando piense en comprar una herramienta de manejo del tiempo. Muchas personas gastan dinero en artículos y gadgets que no necesitan realmente sólo para que puedan mantenerse al día con las últimas tendencias. Esto no sólo es un gasto de dinero pero también puede usar su tiempo (ej. uso excesivo del teléfono inteligente para redes sociales) en vez de ahorrarlo. La mejor manera de saber si necesita una herramienta en particular es sopesando sus potenciales pros y contras.

2. ¿Qué características son necesarias?

La razón principal de por qué los gadgets venden es por las características que poseen. Muchos gadgets ahora pueden realizar una multitud de funciones. Sin embargo, no todas son beneficiales para el usuario. En realidad, como sugiere el Principio de Pareto, tal vez sólo el 20% de estas características dan cuenta del 80% de su uso. Por ende, cuando contemple comprar una herramienta de manejo del tiempo, tiene que determinar qué modelo tiene todas las funciones claves que está buscando pero no demasiadas que no necesite. También tiene que saber si cualquiera de esas características le será útil. Leer opiniones y artículos y consiguiendo aporte de sus colegas puede ser de ayuda en el proceso de toma de decisiones al escoger una herramienta de manejo del tiempo.

3. ¿Es amigable con el usuario?

Con las mejoras tecnológicas incesantes de herramientas vienen diferentes complicaciones y características avanzadas. Típicamente, entre más alta sea la gama de un producto, más difícil es descifrarlo. Si quiere tomar herramientas complejas, primero tiene que aprender cómo utilizarlas apropiadamente. Como estas herramientas supuestamente le van a ayudar a manejar su tiempo, es impráctico invertir mucho tiempo y esfuerzo descubriendo cómo se usan. Por lo tanto, es imperativo que escoja una herramienta que es amigable con el usuario y en línea con su nivel de destreza.

4. ¿Qué tan confiable es la herramienta?

La confiabilidad es crucial en la compra de una herramienta de manejo de tiempo. La descompostura y los malfuncionamientos no sólo consumen tiempo pero también causan una gran cantidad de estrés. La durabilidad debe ser altamente considerada antes de invertir en cualquier herramienta. Así mismo, opte por un contrato de mantenimiento cuando compra para que su unidad tenga una garantía en caso de que necesite ser reparada. También, mantenga una unidad de respaldo en caso de cualquier descompostura o malfuncionamiento.

5. ¿Se convertirá fácilmente en anticuada?

Viviendo en la era de la tecnología, es difícil no frustrarse con las mejoras interminables y desarrollos de ciertos dispositivos. En cuestión de meses, las compañías pueden aparecer con mejores versiones de cualquier gadget que actualmente posea. Antes de que lo sepa, sus unidades estarían anticuadas y obsoletas. Entonces, si tiene intenciones de comprar una nueva herramienta, necesita hacer una investigación rigurosa sobre los diferentes modelos y descifrar si esa herramienta todavía va a ser funcional en unos pocos años.

Al responder estas preguntas, puede

entonces medir el valor de un dispositivo y qué tan compatible es con sus técnicas de manejo del tiempo.

Herramientas Efectivas del Manejo del Tiempo

La generación de hoy ha sido altamente dependiente de la tecnología. De hecho, la mayoría de los negocios no pueden funcionar sin diferentes dispositivos tecnológicos en sus oficinas. Mientras que hay diferentes gadgets para elegir, hay dos dispositivos tecnológicos principales que son altamente ahorradores de tiempo – computadoras personales y los teléfonos inteligentes o asistentes personales digitales.

1. Computadoras personales

Las computadoras son vitales para cualquier negocio. En el presente, prácticamente cualquier cosa puede hacerse digitalmente usando una computadora. Algunas de las características importantes de una computadora son:

- **Internet de alta velocidad** –salvo por algunos programas pre instalados, una computadora sería virtualmente inútil sin una conexión a internet. A través del internet, usted puede mandar correos electrónicos, investigar y hacer otras diferentes funciones.

- **Alto almacenaje y disco duro espacioso** – una computadora opera más rápido cuando tiene bastante memoria libre y espacio en el disco duro.
- **Programa de compresión de datos** –si su computadora tiene una capacidad de memoria razonable y espacio en el disco duro, este programa será útil. Reduce el tamaño de los archivos, resultando en un espacio mayor en el disco duro.
- **Software actualizado** – haga esto para el software que use religiosamente. Las actualizaciones son usualmente gratis así que aproveche las mejoras que vienen con la actualización.
- **Impresora** – si está dentro de la fuerza laboral, más usualmente que no va a necesitar imprimir documentos a diario. Tener su propia impresora le va

a dar la oportunidad de trabajar desde casa y no tener que confiarse de la impresora de la oficina antes de que pueda trabajar en sus tareas.

Los siguientes consejos son para usar la computadora personal a fin de que la convierta en una herramienta efectiva del manejo del tiempo:

- **Borre carpetas y archivos sin usar.**

Elimine documentos, programas y otros archivos que sabe que no va a usar en ningún momento cercano. Esto no sólo libera espacio en el disco duro sino que también ayuda a mantener sus documentos y carpetas importantes organizadas.

- **Sólo instale software y programas que necesite.**

Cada programa instalado en su computadora consume memoria y puede a la larga afectar la velocidad y el desempeño de su computadora. Deshágase de todo aquello que no necesite o no vaya a usar. Si no sabe cómo desinstalar, pida ayuda de alguien que lo sepa. A la larga, esto le va a ahorrar

bastante tiempo.
- **Mantenga un respaldo de sus datos.**
Es posible que usted pierda todos sus datos en un santiamén. Esto puede deberse a un mal funcionamiento o un virus desatendido. A pesar de todo, siempre asegúrese de guardar todos sus archivos usando sistemas de respaldo como discos duros externos, USB o CD.
- **Entrénese para usar las funciones básicas de los programas que va a usar.**
Cuando use un programa, asegúrese de que sabe lo básico. De esa manera, no va a disipar tiempo tratando de entender cómo funciona el software. También, trate de no detenerse demasiado en las otras características innecesarias de sus programas. Hay un tiempo para probar nuevas cosas pero no es cuando está a medio hacer una tarea. Si tiene tiempo libre, puede travesear las diferentes funciones de un programa.

Otras variaciones de la computadora personal son las laptops y las tabletas. La laptop es básicamente una versión más pequeña de una computadora con relativamente menos espacio en el disco duro. Eso, sin embargo, no será de mucho problema si sólo planea redactar documentos o surfear la web. La laptop es compacta e inalámbrica; puede cargarla a todos lados y traerla consigo a dondequiera que vaya. La tableta, por otro lado, es un tipo portátil de computadora que tiene una pantalla táctil y numerosas aplicaciones. Estas no son ideales para guardar archivos grandes porque no tienen mucha memoria.

2. Teléfonos inteligentes y asistentes personales digitales

Antes de la emergencia de los teléfonos inteligentes, el asistente personal digital, o simplemente APD, era el método tecnológico más avanzado de organizar y planear tareas. Desde el mismo nombre, es una versión digital de una secretaria. También se le llama PC de bolsillo porque es un dispositivo pequeño que cabe en su bolsillo pero tiene cerca de todas las funciones de una computadora personal. Tener un APD significaba que tenía todo lo que necesitaba en una herramienta compacta. Pero cuando se introdujo el teléfono inteligente hace unos años, el APD básicamente fue catalogado como obsoleto. A la fecha, aún hay unos pocos fabricantes de APDs pero no son tan atractivos como lo fueron alguna vez.

Ambos dispositivos tienen sus respectivos pros y contras. Por un lado, el APD es más barato e independiente. Por otro lado, los teléfonos inteligentes funcionan tanto como APD y teléfono móvil, pueden utilizar tanto Wi-Fi y datos celulares, una colección de aplicaciones y programas para elegir y sistemas operativos más rápidos. A pesar de las diferencias entre los dos gadgets, también poseen un número de similitudes. Estas características son fundamentales y son las que necesita para manejar su tiempo:

- **Tamaño compacto**

Una de las características deseables tanto para el teléfono inteligente como para el APD es su tamaño. Tener todas las cosas necesarias que necesita en un dispositivo es altamente práctico, permitiéndole traerlo a todos lados sin cargar demasiados objetos. También, al tenerlo con usted todo el tiempo, puede revisar constantemente cosas importantes por hacer tales como mensajes que necesita responder.

- **Característica de agendar**

Esta es indudablemente la característica más importante de los dispositivos. Esta herramienta le va a permitir apuntar las citas, eventos y recordatorios importantes dentro del sistema, asegurándole que no va a perderse de ninguna fecha tope importante ni reuniones.

- **Capacidad de base de datos y libro de contactos**

Los libros de contactos de estos gadgets le sirven como su base de datos. El libro de contactos presenta múltiples campos donde puede ingresar información tal como números móviles, dirección de correo electrónico, direcciones de oficina y hogar, etc.

- **Característica de búsqueda**

Esta característica es simple pero útil. Cuando termine guardando una memoria en el dispositivo y de alguna manera la pierda, puede localizarla fácilmente a través de la característica de búsqueda.

- **Capacidad de cortar, copiar y pegar**

Estas características ahorran bastante tiempo y hace que las notas post-it se vean arcaicas. Usando estas capacidades, puede transferir cualquier información de un segmento de su dispositivo a otro con tan sólo unos pocos clics de un botón.

- **Cliente de correo electrónico**

El correo electrónico es tal vez el método más rápido y conveniente de relevar mensajes y mandar archivos importantes. Tener un cliente de correo electrónico en su dispositivo no sólo le permite mandar mensajes desde literalmente cualquier parte, también le permite recibir correos que normalmente no conseguiría leer instantáneamente a menos que estuviera frente a su computadora. Es una manera eficiente de mantenerse en la onda.

- **Registro de gastos**

Usando esta sección, puede construir un número de sistemas usados para mantener la pista de sus gastos personales y de negocios.

Aún hay otros que prefieren las herramientas basadas en papel como las agentas, notas adhesivas, organizadores de cuadernos, calendarios reales, fichas y listas de pendientes. Esto funciona particularmente bien para la gente que no es experta en tecnología. Usted puede escoger emplear estos métodos siempre que pueda hacerlo rápida y efectivamente.De otra manera, puede que necesite utilizar herramientas más avanzadas tecnológicamente en vez de las anteriores.

Las herramientas de manejo del tiempo son sólo una pequeña porción de una imagen más grande. Por si solas, estas herramientas pueden hacer poco para ayudarlo a controlar su tiempo. Cuando se usan con otras estrategias, podría mejorar su productividad efectivamente y asistirlo en alcanzar sus metas y objetivos de manejo del tiempo.

Conclusión

El tiempo es incesante y no es algo de lo cual usted pueda escapar. El reloj sigue marcando las horas aunque le ponga atención o no. Por esa razón, la mejor cosa que hacer con el tiempo es usarlo sabiamente. El dicho "El tiempo es oro" es muy bien conocido pero no muchas personas lo toman en serio. Una vez que comience a ver el tiempo como un recurso valioso pero limitado que debería ser preservado, va a aprender a apreciarlo y aprovecharlo. Agregando a esto, cuando comience a manejar su tiempo, va a ser capaz de controlar qué forma tendrá su futuro en lugar de correr de un lado a otro constantemente y tratar de apretar incontables actividades dentro de un horario dictado por otra gente o por otra circunstancia.

El objetivo del manejo del tiempo no es planear cada día de su vida. Más bien, su objetivo es proveer diferentes opciones informadas sobre cómo puede usar su tiempo más efectivamente.El manejo del tiempo le permite aprovechar mejor su tiempo a modo de alcanzar sus metas personales en lugar de dejar que los minutos se pasen sin que siquiera lo sepa.

Esperanzadamente, este libro le ayudó a entender de qué se trata el manejo del tiempo y por qué es importante. Una vez que se haya familiarizado con las diferentes estrategias y herramientas para el manejo del tiempo, la siguiente cosa por hacer es evaluar cuáles trabajan mejor para usted y su estilo. Con el conocimiento y herramientas adecuadas, estará bien encaminado a un estilo de vida más organizado y proactivo en casa y en el trabajo. Sólo recuerde que el manejo del tiempo apropiado no sólo resulta en una vida profesional más exitosa sino que también provee una satisfacción personal mayor y un futuro más fructífero.

Parte 2

Introducción

La "gestión del tiempo" es el proceso de organizar y planear cómo dividir el tiempo entre diferentes actividades específicas. Una buena gestión del tiempo te permite trabajar con mayor inteligencia (no con mayor esfuerzo) para conseguir hacer más cosas en menos tiempo, incluso cuando los plazos son ajustados y tienes mucha presión encima. Si no consigues administrar bien tu tiempo, esto dañará tu efectividad y te causará mucho estrés.

Parece que nunca hay suficiente tiempo en un día. Pero, puesto que todos tenemos las mismas 24 horas, ¿por qué algunas personas consiguen hacer mucho más con su tiempo que otras? La respuesta radica en la buena gestión del tiempo.

Los triunfadores manejan su tiempo excepcionalmente bien. Al utilizar las técnicas de gestión del tiempo de este libro, podrás mejorar tu capacidad de realizar cualquier tarea con mayor efectividad, incluso si tienes unos plazos de tiempo muy ajustados y estás bajo mucha presión.

Una buena gestión del tiempo requiere un gran esfuerzo para desviar la atención desde las actividades hacia los resultados, puesto que estar ocupado no es lo mismo que ser efectivo. De hecho, aunque parezca irónico, la afirmación contraria suele estar más cerca de la verdad.

Malgastar tu día en un frenesí de actividad a menudo conlleva que consigas acabar menos cosas, puesto que divides tu atención entre demasiadas tareas a la vez. Una buena gestión del tiempo te permite que trabajes con mayor inteligencia (no con mayor esfuerzo) para conseguir acabar más tareas en menos tiempo.

Estrategias e ideas efectivas para la gestión del tiempo

Bloques de estudio y pausas

Cuando empiece el curso escolar y tengas establecido el horario de todas tus asignaturas, desarrolla y planea unos bloques de estudio para una semana normal. Los bloques de estudio ideales suelen rondar los 50 minutos, aunque quizá te canses después de tan solo 30 minutos. Algunas materias muy difíciles requieren descansos más frecuentes. Acorta tus periodos de estudio si fuera necesario, pero no te olvides de volver a la tarea que tienes entre manos. Lo que hagas durante la pausa debe darte la oportunidad de tomar un tentempié, relajarte, refrescarte o volver a recuperar las energías para seguir estudiando.

Espacios dedicados al estudio

Establece un espacio libre de distracciones (¡nada de teléfono móvil ni mensajes de texto!) en el que puedas aprovechar al máximo tu concentración y olvidarte de las distracciones que pueden ocasionarte tus amigos o tus pasatiempos preferidos. También deberías tener un espacio de reserva al que puedas escapar, como una biblioteca, un centro de estudio o incluso una cafetería donde nadie te conozca. Un cambio de lugar puede proporcionarte recursos extra.

Revisiones semanales

Las revisiones semanales y la puesta al día también son una estrategia importante. Cada semana, por ejemplo el domingo por la noche, revisa tus tareas, tus notas y tu calendario. ¡Ten en cuenta que conforme se acerquen las fechas límites de trabajos y los exámenes deberás cambiar y adaptar tu rutina semanal!

Prioriza tus tareas

Cuando estés estudiando, ten el hábito de empezar por la tarea o la asignatura más difícil. Puesto que estarás despejado, tendrás más energía para abordar cualquier tema más complicado porque estás en tu mejor momento. Para las materias más difíciles de estudio, intenta ser más flexible: Por ejemplo, incorpora un tiempo de reacción cuando puedas tener tiempo de repasar y valorar los trabajos antes de tener que entregarlos.

Realiza el primer paso - ¡Acaba algo!

El proverbio chino de que incluso el camino más largo comienza con un solo paso tiene varios significados: En primer lugar, ¡tú empiezas el proyecto! En segundo lugar, al comenzar te darás cuenta de que hay muchas cosas que no has planeado para ese proceso. Los detalles de una tarea no siempre son evidentes hasta que comienzas a hacerla. Otro proverbio reza que "la perfección es enemiga de lo bueno", ¡sobre todo cuando te impide empezar a hacer algo! Puesto que has incorporado tiempo para revisar, haz un borrador de tu idea y comienza a hacer cosas. Ya tendrás tiempo de corregir y desarrollarla más tarde.

¡Pospón las actividades innecesarias hasta que el trabajo esté hecho!

¡Pospón las tareas y hábitos que puedes dejar a un lado hasta que hayas conseguido acabar todas las tareas de tu estudio!

Esto puede ser el reto más difícil de la

gestión del tiempo. Como estudiantes siempre encontramos oportunidades inesperadas de hacer otras cosas que nos llaman la atención, pero esto nos lleva a fallar en un examen o test, en hacer mal un trabajo o en la mala preparación de una tarea. Las actividades que nos ayudan a distraernos se disfrutarán mejor más tarde, sin la presión de tener en la cabeza que debes hacer un test, una tarea o cualquier otra obligación. Piensa en términos del orgullo de acabar algo. En lugar de decir "no", aprende a decir "más tarde".

Técnicas para controlar tu tiempo

1. Lleva una agenda y apunta todos tus pensamientos, conversaciones y actividades de la semana. Te ayudará a comprender cuánto se puede conseguir durante el trascurso de un día y a dónde van a parar tus preciados momentos. Comprobarás en realidad cuánto tiempogastas para producir resultados y cuánto tiempo malgastas en improductivos pensamientos, conversaciones y acciones.

2. Cualquier actividad o conversación que sea importante para tus estudios debe tener un tiempo específico asignado. Las listas de tareas se hacen cada vez más largas y llega un momento en el que son inabordables. No obstante, las agendas funcionan. Prepara reuniones contigo mismo y crea bloques de tiempo para pensamientos, conversaciones y acciones prioritarias. Anota el tiempo en el que deben empezar y deben acabar. Ten la disciplina de cumplir con estas citas.

3. Piensa en gastar al menos el 50 por ciento de tu tiempo en los pensamientos, actividades y conversaciones que producen la mayoría de tus resultados.
4. Incluye tiempo para las interrupciones. Planea tiempo para alejarte de lo que estés haciendo. Por ejemplo, aprópiate del concepto de tener "horario de oficina". ¿No es el "horario de oficina" otra forma de decir "interrupciones planeadas"?
5. Gasta los primeros 30 minutos del día para planificar toda la jornada. No empieces el día hasta que hayas completado la gestión del tiempo. La parte más importante del día es el tiempo que utilizas para organizar el horario.
6. Tómate cinco minutos antes de cada tarea para decidir qué resultados deseas obtener. Esto te ayudará a que sepas cómo se siente el logro antes de haber empezado. También ayuda a desacelerar el tiempo. Tómate cinco

minutos después de cada actividad o tarea para determinar si has conseguido el resultado deseado. Si no fuera así, ¿qué ha faltado? ¿Cómo podrías gestionar lo que ha fallado para tu próxima tarea o actividad?
7. Coloca un cartel de "No molestar" en la puerta cuando tengas que acabar algo de forma imperativa.
8. Intenta no responder al teléfono solo porque esté sonando ni mires cualquier correo electrónico solo porque acabe de llegar. Desconéctate de cualquier mensajería instantánea. No prestes tu atención inmediatamente a la gente a menos que sea crucial para tu negocio ofrecer una respuesta humana inmediata. En su lugar, planea un tiempo para responder a los correos electrónicos y devolver las llamadas perdidas.
9. Bloquea otras distracciones como Facebook u otras redes sociales a menos que utilices esas herramientas para crear negocio.

10. Recuerda que es imposible acabarlo todo. También recuerda que el 20 por ciento de tus pensamientos, conversaciones y actividades producen el 80 por ciento de tus resultados.

Consejos para gestionar mejor el tiempo

Crea un plan diario. Planifica tu día antes de empezar. Hazlo por la mañana o incluso mejor, por la noche antes de acostarte. Este esquema te dará una buena vista panorámica de cómo se desarrollará el día. De esta forma no te pillará con la guardia bajada. Tu trabajo del día será seguir el plan lo más a rajatabla posible.

Marca un límite para cada tarea. Ten claro que necesitas acabar la tarea X a las 10h, la tarea Y a las 15h y la Z a las 17:30h. Esto impide que tu trabajo se alargue eternamente y se coma el tiempo reservado para otras actividades.

Utiliza una agenda. Tener una agenda es el paso más importante y fundamental para controlar tus actividades diarias. Si utilizas

Outlook o Lotus Notes, la agenda viene integrada en estos programas de correo electrónico.

Utiliza un organizador. El organizador te ayuda a controlar todos los aspectos de tu vida. Es tu herramienta principal para organizar la información, las listas de tareas, los proyectos y asuntos de todo tipo.

Ten en cuenta tus plazos. ¿Cuándo necesitas acabar tus tareas? Marca los plazos con claridad en el calendario y en el organizador para saber cuándo debes acabarlas.

Aprende a decir "no". No te hagas cargo de más cosas de las que puedes llevar a cabo. Para las distracciones que pueden aparecer cuando estás haciendo otras cosas, da un no firme o déjalo para más tarde.

Proponte acabar antes. Cuando planeas estar a tiempo, puedes llegar a tiempo o llegar tarde. La mayoría de las veces llegarás tarde. No obstante, si te propones llegar antes, es mucho más seguro que llegarás a la hora. Para cualquier cita, intenta llegar lo antes posible. Para los plazos, intenta acabar antes de lo requerido.

Delimita tus actividades. Significa que restrinjas tu trabajo sin necesitar más tiempo extraordinario.

Ten frente a ti un reloj, a la vista. A veces estamos tan ensimismados en el trabajo que perdemos la noción del tiempo. Tener un reloj grande frente a ti te ayudará a ser consciente del tiempo y del momento.

Establece recordatorios 15 minutos antes. La mayoría de agendas electrónicas tiene una función de recordatorio. Si tienes reuniones importantes a las que acudir, establece una alarma 15 minutos antes de la cita.

Céntrate. ¿Estás haciendo tantas tareas a la vez que al final no terminas ninguna? Si es así, céntrate en una sola tarea clave a la vez. Cierra todas las aplicaciones que no estés utilizando. Cierra todas las pestañas del navegador que llaman tu atención y te distraen. Céntrate únicamente en lo que estás haciendo. De esta forma serás más eficiente.

Bloquea las distracciones. ¿Qué te distrae en el trabajo? ¿Los mensajes instantáneos? ¿Que el teléfono suene? ¿Las alertas de los mensajes que llegan? Yo apenas utilizo cualquier chat hoy en día. Las únicas veces que entro son cuando no pretendo realizar ninguna tarea. De lo contrario, es una fuente de mucha distracción. Cuando tengo que trabajar en tareas importantes hasta apago el teléfono. Las llamadas se registran durante ese periodo de tiempo y después contacto con ellos si se trata de algo importante. Esta forma de proceder me ayuda a concentrarme mejor.

Realiza un seguimiento del tiempo gastado. Egg Timer es un temporizador online. Solo tienes que establecer la cantidad de tiempo que quieres que cuente (por ejemplo: "30 minutos", "1hora") y contará hacia atrás mientras realizas otras tareas. Cuando se acabe el tiempo, sonará un pitido. Es una gran forma de ser consciente del tiempo que has gastado.

No te preocupes por detalles sin importancia. Nunca vas a hacerlo todo **exactamente** de la forma que quieres o esperabas. Intentar conseguirlo es una forma de ser altamente ineficaz.

Prioriza. Puesto que no puedes hacerlo todo, aprende a darle prioridad a las cosas más importantes y deja el resto a un lado. Aplica el principio 80/20 del que hemos hablado anteriormente, puesto que es un principio clave para la priorización de tareas.

Delega. Si hay cosas que puede hacer mejor otra persona u otras tareas que no son tan importantes, considera delegar en los demás. De esta forma te quitas mucho trabajo de encima para poder concentrarte en las tareas más importantes.

Agrupa las tareas similares. Une todos los trabajos parecidos. Por ejemplo, mi trabajo puede categorizarse en estos grupos esenciales: (1) escritura de artículos o de mi próximo libro (2) coaching personal (3) talleres de desarrollo (4) desarrollo de negocio (5) administración. Todas las tareas relacionadas las agrupo para crear sinergia. Si necesito realizar llamadas, reservo un tiempo determinado para gestionar todas las llamadas. De esta forma optimizas todo el proceso.

Elimina las pérdidas de tiempo. ¿Qué te aparta de tu trabajo? ¿Facebook? ¿Twitter? ¿La bandeja de correo electrónico? Deja de mirarlos tan a menudo. Algo que puedes hacer es conseguir que sea difícil acceder a estas herramientas. Elimina del navegador los hipervínculos o los marcadores que estén a la vista y guárdalos en una carpeta de difícil acceso. Reemplaza estos marcadores por otros sitios importantes relacionados con tu trabajo. Aunque sin duda seguirás entrando a Facebook o Twitter, notarás que lo haces con menos frecuencia que antes.

Corta cuando sea necesario. La razón principal por la que se sobrepasa el tiempo es porque no cortas cuando tienes que hacerlo. No tengas miedo de interrumpir una reunión o trazar una línea para acordar un límite. De lo contrario nunca se acabará esa tarea y tendrás muchísimo menos tiempo para lo demás.

Deja un tiempo de reserva entre tareas. No organices todas las tareas demasiado juntas. Deja al menos un periodo de tiempo de entre 5 y 10 minutos entre una tarea y otra. Esto te ayudará a acabar con la tarea previa y a arrancar con la siguiente.

Habilidades de gestión del tiempo

Es más probable que las personas exitosas utilicen su tiempo de forma más efectiva y tengan buenas habilidades para gestionar su tiempo. La gestión del tiempo no es muy difícil como concepto, pero resulta sorprendentemente difícil llevarla a la práctica. Requiere invertir un poco de tiempo por adelantado para priorizar y organizarte bien.Pero una vez hecho, te darás cuenta de que con pequeñas modificaciones tu día, o incluso tu semana o mes, vuelven a ser como eran antes, con tiempo para todo lo que necesitas hacer.

Las habilidades de gestión del tiempo representan la capacidad de reconocer y solventar los problemas relacionados con la organización personal de tu tiempo. El objetivo de estas lecciones de gestión del tiempo se basa en mostrarte lo que puedes hacer para mejorar esas habilidades.

Con unas buenas habilidades de organización del tiempo tomarás el control de tu tiempo y de tu vida, de tu estrés y de tus niveles de energía. Progresarás en el trabajo. Serás capaz de compaginar tu trabajo con tu vida personal y familiar. Tendrás flexibilidad suficiente para hacer frente a imprevistos o nuevas oportunidades.

Conclusión

La gestión del tiempo es muy valiosa para todo el mundo. Con este libro puedes aprender muchas cosas y consejos útiles que deberás probar, puesto que son muy efectivos. Esta información debería serte de inmensa utilidad.

Todas las habilidades referentes a la organización del tiempo se pueden aprender. Seguramente verás una gran mejora solo con darte cuenta de la esencia y las causas de los problemas más comunes en cuanto a la gestión del tiempo. Con estas lecciones sobre gestión del tiempo puedes comprobar cuáles son las mejores técnicas y cuáles se adaptan mejor a tu situación.

Si ya sabes cómo organizar tu tiempo pero todavía no lo has puesto en práctica, no tires la toalla. Quizá, lo que estés pasando por alto sea el aspecto psicológico de tus habilidades de organización del tiempo o los obstáculos psicológicos que esconde tu personalidad.

Según tu situación personal, estos

obstáculos pueden ser la razón principal por la que procrastinas, tienes dificultades para decir que no, no delegas o no tomas decisiones sobre la gestión de tu tiempo.
Quiero darte las GRACIAS por haber comprado mi libro.
Espero que te ayude mucho y que te haya proporcionado los consejos que buscabas.
Estoy muy feliz de que hayas dedicado tu tiempo y esfuerzo en leer mi libro.
Espero que puedas dejar una reseña positiva de mi libro.
¡Te estaría muy agradecido!

www.ingramcontent.com/pod-product-compliance
Lightning Source LLC
Chambersburg PA
CBHW071904070526
44583CB00016B/1843